www.leeresvivir.es

www.everest.es

Maquetación: Ediciones Nobel, S.A.
Diseño de cubierta: Eva Zuazua

Cuarta edición

© del texto, Armando José Sequera
© de las ilustraciones, Susana Saura
© Ediciones Paraninfo (con licencia
  de Paraninfo Propiedad Intelectual, S. L.)
  C/ Sierra de Guadarrama, 35. Naves 2, 3, 4 y 5
  Polígono Industrial San Fernando II
  28830 San Fernando de Henares
  Tel.: (+34) 914 463 350 / E-mail: info@everest.es

ISBN: 978-84-19331-88-5
Depósito legal: M-9437-2024
Imprime: Liberdigital (Casarrubuelos, Madrid)
Printed in Spain / Impreso en España

Atención al cliente: 914 463 350

Detrás de una pelota

Armando José Sequera

Ilustrado por **Susana Saura**

everest

Detrás de una **pelota**

corre un niño llamado
Diego.

Diego quiere ser pintor.

Sueña con un cielo naranja y nubes que, como espejos, muestren el mundo al revés.

Le gustaría pintar a su mamá con sonrisa de Mona Lisa y a su hermana como la Estatua de la Libertad. Solo que en lugar de una antorcha, la hermana de Diego tendría en la mano una trompa de elefante.

Detrás de una **pelota**

corre un perro.
Su nombre es **Guau**.

Así lo llamó Matilde cuando empezó a hablar.

Matilde es una niña que quiere ser doctora.

No le gusta que la gente se enferme.

Piensa que estar en cama, prisionero del cuerpo, es lo peor que le puede pasar a alguien.

Ella quiere liberar a todos los enfermos.

—Cuando sea grande, voy a ser la Simón Bolívar de los enfermos —dice.

Detrás de una **pelota**

corre otro niño.
Se llama **José**.

José mira las estrellas con ojos de explorador.

Se ve a sí mismo saltando de una a otra sobre una tabla de surf.

—¡Yo prefiero una patineta! —dice su hermano Miguel.

—¡Qué locos! —comenta la prima de ambos, cuando se entera de sus planes.

Pero ella, que se llama **Inés, quiere ser felicidadora**, una profesión que piensa inventar cuando sea grande.

—¿Y qué hace una felicidadora? —quiere saber su mamá.

—Fabrica felicidad para las personas —contesta Inés.

Detrás de una **pelota**

viene una niña.

Su nombre es **Aurora**.

Aurora quiere ser maestra y bailarina.

Está segura de que tendrá dos hijos.
El varón se llamará Daniel y ella Leonor.

Daniel será piloto de aviones y
Leonor trapecista de circo.

—¿Y por qué maestra y bailarina? —le pregunta
su abuelo.
—Para dar clases bailando —responde Aurora.

Detrás de una **pelota**

corren dos niños llamados
Juan y Jesús.

Ambos sueñan con ser **delanteros**.
Imaginan correr por el estadio.
Se pasan la pelota varias veces, en zig zag.

Cuando llegan frente al arco, **Juan mete un gol que Jesús también siente suyo.** Se dan un abrazo, como han visto que hacen los futbolistas de la televisión.

Detrás de una pelota

corren **Jesús y Juan**.

Nuevamente, corren sobre el verde de un estadio.
Otra vez se pasan la pelota varias veces.

Ahora es Jesús quien marca el gol. Juan
siente que ese gol también es suyo.
Levanta los brazos para chocar las palmas
de sus manos con las de Jesús.

Detrás de una **pelota**

corre una niña llamada
María
Margarita.

A María Margarita le gustan los animales
y las historias con animales.

Quiere ser escritora para contar
que su gato se limpia la cara tantas veces al día
que se la borra. Que los peces de su acuario
tienen alas y, por las noches, mientras ella
duerme, recorren el mundo convertidos
unas veces en pájaros y otras en dragones.

María Margarita tiene su cuarto lleno de
carteles de animales. El que más le gusta es
el de un oso polar bebé que sube por
la espalda de su mamá.

—Es alpinista —dice ella—, y está subiendo
su primera montaña.

Detrás de una **pelota**

corre un niño...
O una niña,
no sé...

¡Ah, eres tú! ¿Cómo te llamas?

¿Qué quieres ser cuando crezcas?

Pega una foto
tuya aquí.

Haz un dibujo imaginándote qué vas a ser de mayor.

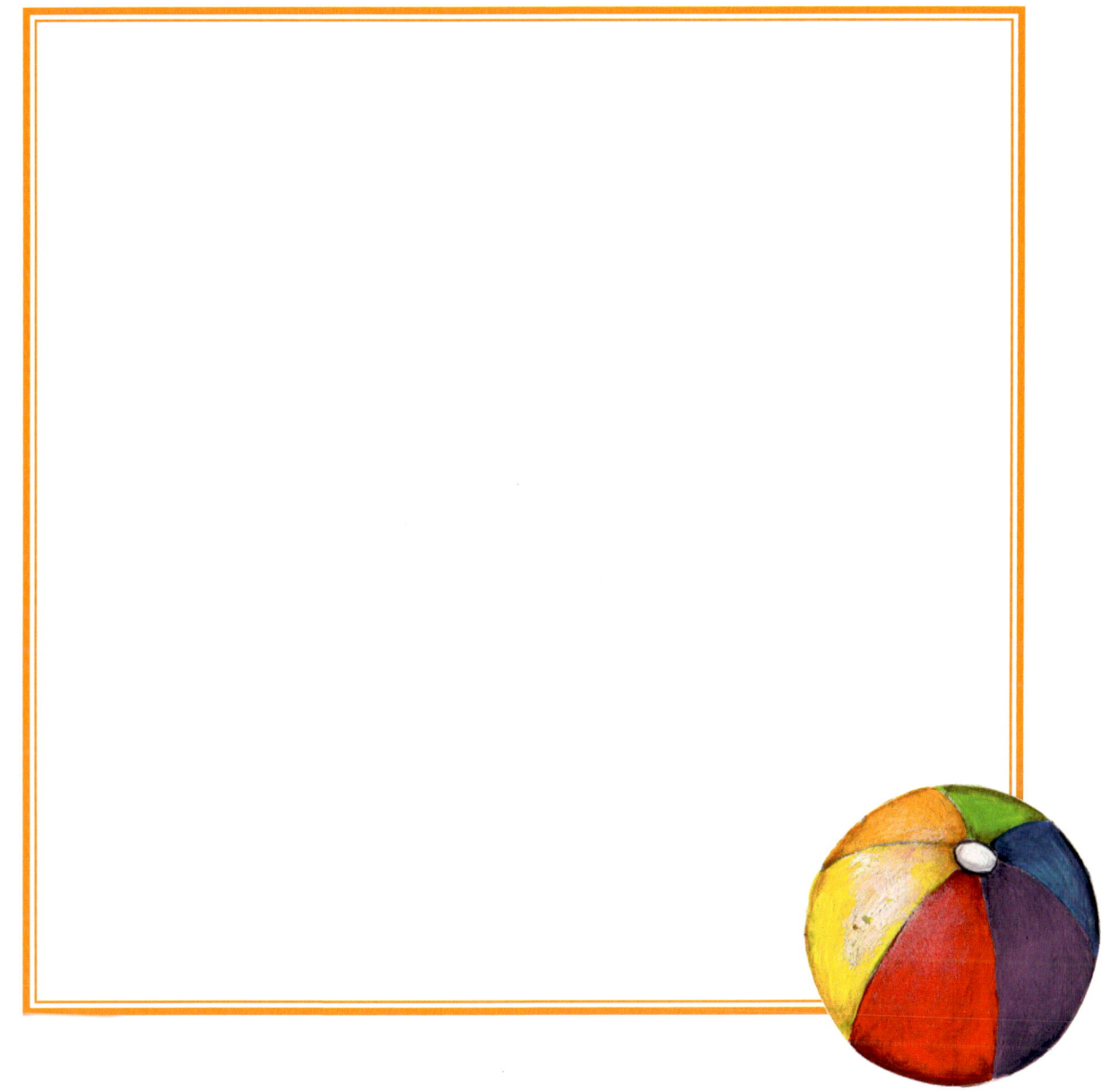